ALPHABET

DIT CROIX DE JÉSUS

DIVISÉ PAR SYLLABES EN 24 LEÇONS,

A L'USAGE DES ÉCOLES.

Prix broché 10 centimes.

PARIS,
LIBRAIRIE ECCLÉSIASTIQUE, CLASSIQUE, ÉLÉMENTAIRE
DE H. DELLOYE,
Rue des Filles-St-Thomas, 13, Place de la Bourse.

1841.

✠ A B C D E F G
H I J K L M N O P
Q R S T U V X Y
Z Æ Œ.

✠ a b c d e f g h
i j k l m n o p q r s
t u v x y z æ œ.

Imprimerie de J.-B. GROS,
rue du Foin-Saint-Jacques, 18.

3

✠ a b c d e f g h i j k l m n o p q
r s t u v x y z.

✠ A a B b C c D d E e é è ê ë
F f G g H h I i J j K k L l
M m N n O o P p Q q R r S s
T t U u V v X x Y y Z z.
p d b q l j h z g m a u k
o r i t p l s d x n é b c y
q m ë d ê v o è d b e q p
ff ff fi fi ffi ffi fl fl ffl ffl
si fi ssi ffi sl fl et ae œ oe œ
vv w.

✠ *A a B b C c D d E e F f
G g H h I i J j K k L l M m
N n O o P p Q q R r S s T t
U u V v X x Y y Z z é ê e ë
æ œ ff fl ffl ff fl fi ffi fi ffi w.*

4

u m o e i j r n a s c l g
f t b p v z h d x q y k
ç à â é è ê ë ô ù û ü

Ba	bé	bê	be	bi	bo	bu
Ka	sé	sê	se	si	ko	ku
Ca	cé	cê	ce	ci	co	cu

Sa	sé	sè	se	si	so	su
Ça	cé	cê	ce	ci	ço	çu
Da	dé	dê	de	di	do	du

Fa	fé	fê	fe	fi	fo	fu
Pha	phé	phê	phe	phi	pho	phu
Ja	jé	jê	je	ji	jo	ju
Ga	gé	gê	ge	gi	go	gu

A	é	ê	e	i	o	u
Ha	hé	hê	he	hi	ho	hu
Ja	jé	jê	je	ji	jo	ju
La	lé	lê	le	li	lo	lu

Ma	mé	mê	me	mi	mo	mu
Na	né	nê	ne	ni	no	nu
Pa	pé	pê	pe	pi	po	pu
Ka	ké	kê	ke	ki	ko	ku
Qua	qué	quê	que	qui	quo	quu

Ra	ré	rê	re	ri	ro	ru
Rha	rhé	rhê	rhe	rhi	rho	rhu
Ta	té	tê	te	ti	to	tu
Tha	thé	thê	the	thi	tho	thu
Va	vé	vê	ve	vi	vo	vu
Xa	xé	xê	xe	xi	xo	xu

L'ORAISON DOMINICALE

Au nom du Père, et du Fils, du Saint-Esprit. Ainsi soit-il.

No|tre Pè|re, qui ê|tes aux cieux, que vo|tre nom soit sanc-ti|fi|é; que vo|tre rè-gne ar|ri|ve; que vo|tre vo|lon|té soit fai|te en la ter|re com|me au ciel : don|nez-nous au-jour|d'hui no|tre pain quo|ti|di|en; et par-don|nez-nous nos offen|ses com|me nous par|don|nons à ceux qui nous ont of|fensés, et ne nous laissez pas suc|com|ber à la ten|ta|ti|on : mais déli|vrez-nous du mal. Ain|si soit-il.

LA SALUTATION ANGÉLIQUE.

Je vous sa|lue, Marie, plei|ne de grâ|ce ; le Sei|gneur est a|vec vous; vous ê|tes bé-nie en|tre tou|tes les fem|mes, et Jé|sus, le fruit de vos en|trail-les, est bé|ni. Sain|te Ma|rie, mè|re de Dieu, pri|ez pour nous, pau-vres pé|cheurs, main-te|nant et à l'heu|re de no|tre mort. Ain|si soit-il.

LE SYMBOLE DES APOTRES.

Je crois en Dieu le

Pè|re tout-puis|sant, cré|a|teur du ciel et de la ter|re, et en Jésus-Christ son Fils u-ni|que no|tre Seigneur; qui a é|té conçu du Saint-Esprit, est né de la Vier|ge Marie; a souf|fert sous Pon|ce-Pi|la|te; a é|té cru|ci|fi|é, est mort et a é|té en|se|ve|li; est des|cen|du aux en|fers, et le troi|siè|me jour est res|sus|ci|té des morts; est mon|té aux Cieux, est as|sis à la droi|te de Dieu le Pè-re tout-puis|sant; d'où il vien|dra ju|ger les vi|vants et les morts. Je crois au Saint-Es-prit; à la sain|te E|gli|se ca|tho|li|que; à la com-mu|ni|on des Saints; à la ré|mis|si|on des pé-chés; la ré|sur|rec|ti-on de la chair; à la vie é|ter|nel|le.

Ain|si soit-il.

LA CONFESSION DES PÉCHÉS.

Je con|fes|se à Dieu tout-puis|sant, à la bien|heu|reu|se Ma|rie tou|jours Vier|ge, à saint Mi|chel Ar|chan-ge, à saint Jean-Bap-tis|te, aux A|pô|tres saint Pier|re et saint

Paul, à tous les Saints, et à vous, mon Pè|re, que j'ai beau|coup péché, par pen|sées, par pa|ro|les, par ac|ti|ons et par o|mis|si|ons; c'est ma fau|te, c'est ma faute, c'est ma très grande fau|te : C'est pourquoi je sup|plie la bienheu|reu|se Ma|rie toujours Vier|ge, saint Mi|chel Ar|chan|ge, saint Jean-Bap|tis|te, les A|pô|tres, saint Pier|re et saint Paul, tous les Saints, et vous mon Pè|re, de pri|er pour moi le Sei|gneur no|tre Dieu.

Que le Dieu tout-puis|sant nous fas|se mi|sé|ri|cor|de, qu'il nous par|don|ne nos pé|chés, et nous con-dui|se à la vie é|ter-nel|le. Ain|si soit-il.

Que le Seigneur tout-puissant et miséricordieux nous accorde l'indulgence, l'absolution et la rémission de nos péchés.

Ainsi soit-il.

LES COMMANDEMENTS DE DIEU.

1. Un seul Dieu tu adoreras,
 Et aimeras parfaitement;
2. Dieu en vain tu ne jureras,
 Ni autre chose pareillement.
3. Les Dimanches tu garderas,
 En servant Dieu dévotement.
4. Tes père et mère honoreras,
 Afin que tu vives longuement.

5. Homicide point ne seras,
   De fait, ni volontairement.
6. Luxurieux point ne seras,
   De corps ni de consentement.
7. Le bien d'autrui tu ne prendras,
   Ni retiendras à ton escient.
8. Faux témoignage ne diras,
   Ni mentiras aucunement.
9. L'œuvre de chair ne désireras
   Qu'en mariage seulement.
10. Biens d'autrui ne convoiteras,
    Pour les avoir injustement.

LES COMMANDEMENTS DE L'ÉGLISE.

1. Les fêtes tu sanctifieras,
   Qui te sont de commandement.
2. Les Dimanches la Messe ouïras,
   Et les Fêtes pareillement.
3. Tous tes péchés confesseras,
   A tout le moins une fois l'an.
4. Ton créateur tu recevras
   Au moins à Pâques humblement.
5. Quatre-Temps, Vigiles, jeûneras,
   Et le Carême entièrement.
6. Vendredi chair ne mangeras,
   Ni le samedi mêmement.

PREMIÈRE LEÇON.

Mots d'une syllabe.

Ab, ab, ai, ail, ais, ah, air, aie, aies, ait, aient, ans, an, arc, ars, art, as, arts, au, aux, aye.
Bac, bai, baie, bail, bain, bal, ban, banc, bas, bât, beau, bec, bée, bel, bey, bis, blanc, bled, bleu, bloc, blond, bœuf, bois, boit, bol, bon, bond, bord, bouc, boue, bout, bran, bras, bref, bris, broc, brou, bru, brun, brut, buis, but.

DEUXIÈME LEÇON

Cam, ça, cal, camp, cap, car, cas, ce, ceint, cens, cep, cerf, c'est, cet, ceux, chair, champ, char, chant, chat, chaud, chef, choc, chœur, choir, chou, chut, ci, cid, cil, claie, clair, clef, clerc, clos, cloux, cœur, coin, coi, col, coq, cor, corps, cou, coup, cour, cours, coût, crac, craie, craint, cran, cri, cric, crin, croc, croit, cru, crue, cuir, cuit.

TROISIÈME LEÇON.

Da, daim, dais, dans, d'en,

dard, de, dé, dent, des, dès, deuil, deux, dey, dent, dis, dit, dix, doigt, doit, dol, don, donc, dont, d'or, dort, dos, dot, doux, d'ou, drap, droit, dru, duc, due, dur.

QUATRIÈME LEÇON.

Eau, eaux, eh, eu, ens, ers, ès, est, et, eux.

Fa, faim, fais, fait, faits, faix, fard, fat, faut, faux, fée, feint, fer, feu, feue, fi, fil, fils, fin, fisc, fis, fit, flan, flanc, fleur, fleurs, flot, flou, flux, foi, foie, foin, fois, foix, fol, fond, fonds, fonts, for, fort, fou, four, frais, franc, francs, fris, frit, froc, froid, front, fruit, fuit, fuie, fur, fut.

CINQUIÈME LEÇON.

Gai, gaie, gail, gain, gal, gand, gant, gap, gars, gau, gaz, geai, geint, gens, gent, ger, ges, gil, gît, gland, glas, glaue, glu, glui, go, gond, gord, gots, goût, grain, grand, gras, gré, grec, grès, gril, gris, gros, grue, gué, guet, gueux, gui.

SIXIÈME LEÇON.

Ha, haie, han, haut, hé, hem, heur, heurt, hic, hie,

ho, hom, hors, houe, hout, houx, hue, huis, huit.

If, il, ils, jà, jan, jean, jas, je, jet, jeu, jeux, joie, joins, joint, jonc, joue, jour, jours, jus, j'eus. Kas, kan.

SEPTIÈME LEÇON.

La, lac, lacs, lai, laie, laid, lait, l'an, l'en, laps, lard, las, le, lent, les, lest l'est, leur, leurs, lieu, lie, lis, lit, lin, loch, lods, lof, loi, lois, loin, lok, long, loir, lord, lors, lots, lot, loup, lourd, lui, luit, lut, luth, ly, lynx.

HUITIÈME LEÇON.

Ma, mai, mail, main, maint, mais, mal, marc, marcs, mars, mat, maux, mer, mes, mets, ment, meut, mi, mie, mis, mit, mœurs, moi, mois, moins, mol, mon, mont, mors, mort, mot, mou, moût, mu, mue, mus, muid, mur, mûr, musc,

NEUVIÈME LEÇON.

Na, nait, nain, nard, nan, ne, né, nés, net, nef, nerf, neuf, nez, ni, nid, noir, noix, nom, non, nord, noue, noeud, nous, nu, nus, nue, nuis, nuit, nul.

Oh, œuil, oie, œuf, oints, oint, on, onc, ont, or, ort, os, où, ouf, ours.

DIXIÈME LEÇON.

Pair, pais, paît, paix, pain, pal, pan, paon, par, parc, pars, part, parts, pas, pat, peau, peaux, pec, peint, perd, perds, pet, peu, peux, phos, pic, pie, pied, pin, pis, plaid, plain, plains, plaint, plais, plaît, plan, plant, plat, plein, pleurs, pleut, pli, plie, ploc, plomb, pluie, plus, poids, poix, poil, poing, point, ponds, pont, porc, port, pot, pou, pouls, poux, pour, pré, prend, prends, près, prêt, prie, pris, prix, proie, prompt, puis, puits, pur, pus, put.

ONZIÈME LEÇON.

Quai, quand, quant, quart, que, quel, queue, qui, quet, quin, quint, quoi.

Raf, raie, rais, rapt, ras, rat, rang, rend, reins, rets, rez, rhin, ri, ris, rit, riz, rob, roc, romps, rompt, rond, roux, ru, rue, rum, rut, rye.

DOUZIÈME LEÇON.

Sac, saie, saint, sein, seing, sang, sans, sas, sauf, sain, saur, sait, saut, seau, sceau, sec, sel, sens, sent, seoir, soir, ses, seul, s'il, sis, six, sœur, soc, soi, soie, soif, soit, sol, son, sont, sors, sort, sot, sou, sous, soûl, sourd, spalt, spath, spé, stras, strict, stuc, suc, sud, suis, suit, sur, sus.

TREIZIEME LEÇON.

Tac, taie, tais, tait, ta, tan, tant, taon, tard, tas, talc, taux, tel, temps, tend, tends, tes, têt, test, thé, thon, thym, tins, tint, tir, toi, toit, ton, tond, tonds, tords, tors, tort, tôt, toue, tous, tour, tout, toux, trac, train, trais, trait, trans, très, tri, trin, troc, trois, tronc, trop, trot, trou, trous, tu, tue, tuf, turc, tut.

QUATORZIÈME LEÇON.

Un, us, ut. Va, vain, vainc, vaincs, var, val, vais, vas, van, vent, vend, vends, vaut, vaux, veau, ver, verd, vers, vert, vêt, veuf, vie, vif, vil, vin, vingt, vins, vint, vis, vit, veut, veux, vœu, vœux, voir, voie, voix, vol, vrai, vu, vue. Yeux. Zain, zils, zinc.

QUINZIÈME LEÇON.

Mots de deux syllabes.

Ab-bé, ab-cès, ab-ject, ab-sent, ab-sous, abs-trait, abs-trus, ac-cent, ac-cès, ac-cord, ac-cort, ac-crue, ac-cueil, ac-te, ac-teur, ac-tif, ad-mis, af-front, ai-de, ai-gle, ai-greur, ai-gu, ai-le, ail-leurs, ai-mer, aî-né, al-lé, al-ler, al-pha, am-be, am-ble, a-mi, an-che, an-cre, an-ge, an-gle, an-nal, ap-pas, ap-peau, ap-pel, ap-point, ap-prêt, ar-bre, ar-che, ar-du, ar-gent, ar-me, ar-pent, as-pect, as-seoir, as-tral, as-tre, at-tend, at-trait, au-cun, au-ge, au-ne, au-près, au-tant, a-zur,

SEIZIÈME LEÇON.

Ba-bil, ba-cler, ba-din, ba-fre, ba-gue, ba-hut, bai-ser, bais-ser, bal-con, bal-lon, bal-zan, bam-bin, bam-bou, ban-de, ban-dit, ban-quet, bar-be, bar-der, bar-que, bar-re, bas-se, bas-sin, bat-tant, bat-teur, bat-tre, bau-det, beau-me, beau-té, bel-le, bel-lot, ber-cail, ber-ce, ber-le, bet-le, beu-gler, beur-re, bis-sac, bi-jou,

Blan-che, blan-que, blu-ter, blu-teau, boi-re, boi-ser, bois-son, boî-te, bon-ne, bon-heur, bon-jour, bor-de, bor-gne, bor-ne, bou-che, bou-cher, bouf-fant, bouf-fir, bouf-fon, bouil-lant, bouil-lir, bouil-lon, bour-don, bour-geon, bril-lant, bril-ler, brouil-lard, brouil-ler, bru-me, bru-nir, brus-que, buc-cin, buf-fet, buf-fle, buis-son, bus-quer, bus-sard, bus-te.

DIX-SEPTIÈME LEÇON.

Ca-cher, ca-deau, ca-drer, cail-le, cail-ler, cail-lou, cais-se, cais-son, cal-cul, cal-fat, cam-brer, cam-per, cap-tif, car-ré, car-reau, cas-se, cas-te, cas-tor, cau-se, cau-ser, cen-dré, cer-ceau, cer-cle, cer-ner, ces-ser, cha-cun, cha-grin, cha-land, cha-lon, chai-re, cham-part, cham-pi, chan-ce, chan-cre, char-me, char-mer, chas-se.

Cher-cher, cher-té, chô-mer, cho-se, chu-te, clai-re, clai-ret, clai-ron, clar-té, cli-mat, cli-ver, co-che, co-cher, co-de, co-gner, col-let, col-lier, com-ment com-mun, con-cert, cos-se, cos-son, cos-tal, cou-cher, cou-de, cou-dre, cou-vrir, crê-che, cré-ment, crè-pe, creu-ser, cri-me, cri-se, croi-re, croî-tre, crou-ler, croû-te, cru-el, crû-ment, cuis-se, cuis-son, cui-te, cui-vre.

DIX-HUITIÈME LEÇON.

Dan-ger, dan-ser, dé-port, der-nier, der-vis, des-sin, des-sert, des-sous, des-sus, des-tin, dé-vot, dic-ter, dic-tum, di-gue, di-gne, dis-cord, dis-cours, dis-cret, dis-pos, dis-sous, doc-te, doc-teur, do-gat, dor-mant, dor-mir, do-se, dou-ble, dou-ceur, dou-vain, drè-che, dres-se;

dril-le, dril-ler, dro-gue, dro-guet, dû-ment, dur-cir.

DIX-NEUVIÈME LEÇON.

Mots de trois syllabes.

É-bar-ber, é-bau-cher, é-blou-ir, é-cha-faud, é-chap-per, é-chauf-fer, é-clai-rer, é-clip-se, é-cor-ce, ef-fa-cer, ef-fec-tif, ef-for-cer, em-bar-ras, em-bau-mer, em-brâ-ser, en-cais-ser, en-cein-dre, en-cein-te, en-chaî-ner, en-cla-ver, en-i-vrer, er-go-té, er-go-ter, é-ri-ger, er-ran-te, es-car-per, es-pa-ce, es-quis-se, es-sa-yer, eu-cra-sie, eu-phrai-se, eu-pho-mie, eu-phor-be, exci-ter, ex-clu-sif, ex-cu-ser, ex-ha-ler, ex-pi-rer, ex-pri-mer.

VINGTIÈME LEÇON.

Fa-ça-de, fa-ci-le, fa-çon-ner, fai-né-ant, fau-cil-le, fau-fi-ler, fe-mel-le, fe-nê-tre, fer-me-té, fer-rail-ler, fi-la-ment, fi-nan-ce, fré-ga-te, fré-quen-te, fri-vo-le. Ga-ren-ne, gar-rot-ter, gau-chè-re, gen-til-le, glai-reu-se, glo-ri-eux, gour-ga-ne, gour-man-de, gra-ci-eux, gra-du-er, gram-mai-re, gra-phi-que, gras-se-ment, grin-ce-ment, gron-de-ment, gro-seil-le, gué-ri-don, guir-lan-de, gus-ta-tif, gym-na-se, gym-ni-que.

VINGT-UNIÈME LEÇON.

Ha-bil-ler, ha-bi-ter, hai-neu-se, ha-ran-gue, har-di-ment, ha-sar-deux, hau-te-ment, hé-ri-ter, her-mi-ne, heu-reu-se, his-toi-re, his-tri-on, hi-ver-nal, hom-ma-ger, hom-mas-se, hon-nê-te, ho-rai-re, hor-lo-ge, ho-ri-zon, hos-pi-ce, hos-ti-le, hô-tes-se, hu-gue-not, hui-tai-ne, hu-mai-ne, hu-mo-ral, hur-le-ment, hy-dro-mel, hy-mé-née, hy-pê-tre, hys-so-pe.

I-am-be, i-di-ot, i-do-le, il-lé-gal, il-lus-trer, im-bi-ber, im-men-se, im-meu-ble, im-mi-nent, im-mo-ler, im-mo-ral, im-par-fait, im-pen-se im-po-ser, im-pro-pre, in-ci-ter, in-cli-nant, in-clu-se, in-cré-é, in-di-ce, in-di-gent, in-spi-rer, in-stan-ce, in-stam-ment, in-strui-re, in-stru-ment, in-ter-dit, in-té-rêt, in-ti-me, in-tri-gue, in-ven-ter, in-vi-ter, ir-ri-ter.,

---

VINGT-DEUXIÈME LEÇON.

Mots de quatre syllabes.

Jail-lis-san-te, jail-lis-se-ment, jar-di-na-ge, jau-nis-san-te, jour-na-lis-te, journel-le-ment , jo-yeu-se-ment , ju-ra-toi-re , ju-ri-di-que , jus-ti-fi-er , jus-ti-fi-é.

La-bo-ri-eux , la-by-rin-the , la-ci-ni-é , la-co-ni-que , la-men-ta-ble , lé-gè-re-ment , lé-gè-re-té , li-bé-ra-teur , li-bi-di-neux , li-mi-tro-phe , li-né-a-ment , li-qui-da-teur , li-tho-lo-gie , lo-ca-tai-re , lo-cu-ti-on , lo-ga-rith-me , lo-go-gri-phe , lon-gi-tu-de , lu-mi-è-re , lus-tra-ti-on , lu-xu-ri-eux.

VINGT-TROISIÈME LEÇON.

Ma-çon-ne-rie , ma-jus-cu-le , mal-a-dres-se , mal-en-ten-du , mal-hon-nê-te, ma-li-gni-té, man-dra-go-re, ma-nus-cri-te, map-pe-mon-de, ma-ré-ca-geux, ma-ri-ti-me, mas-si-ve-ment, mé-ca-nis-me, mé-con-naî-tre, mé-con-ten-te, mé-di-san-te, mé-di-a-teur, mé-lan-co-lie, men-ti-on-ner, mi-gnar-di-se, mi-gno-net-te, mi-nau-de-rie, mix-ti-li-gne, mix-ti-on-ner, mol-li-fi-er, mon-dai-ne-ment, mo-no-gram-me, mo-no-pô-le, mons-tru-eu-se, mo-ri-bon-de, mous-se-li-ne, mous-que-tai-re mu-gis-san-te, mul-ti-tu-de, mu-si-ci-en, mys-té-ri-eux, mys-ti-ci-té, mys-ti-que-ment, my-tho-lo-gie.

VINGT-QUATRIÈME LEÇON.

Na-ï-ve-ment, na-ï-ve-té,

nan-tis-se-ment, nar-ra-ti-on, né-ces-sai-re, né-gli-gem-ment, né-o-phy-te, né-phré-ti-que, neu-tra-li-té, non-cha-lan-ce, nour-ris-san-te, nour-ri-tu-re, nun-cu-pa-tif, nup-ti-a-le, nu-tri-ti-on.

O-bé-is-sant, o-bé-lis-que, ob-jec-ti-on, o-bli-gean-te, ob-rep-ti-ce, ob-scu-ré-ment, ob-scu-ri-té, ob-struc-ti-on, of-fi-ci-al, of-fi-ci-eux, o-lym-pi-en, o-lym-pi-que, onc-tu-eu-se, op-por-tu-ne, op-po-san-te, op-pres-si-on, o-ra-toi-re, or-don-na-teur, or-fé-vre-rie, or-tho-do-xie, or-tho-gra-phe, or-tho-pé-die, os-tra-cis-me, ou-vri-è-re.

FIN.

www.ingramcontent.com/pod-product-compliance
Lightning Source LLC
Chambersburg PA
CBHW061016050426
42453CB00009B/1469